BICENTENAIRE DE SAVIGNY

DISCOURS

PRONONCÉ À LA SÉANCE SOLENNELLE

DU

COMITÉ INTERNATIONAL

par M. le Doyen

G. LE BRAS

de l'Institut

CENTENAIRE DE SABOLY

DISCOURS

PRONONCÉ A LA SÉANCE SOLENNELLE

DE LA

SOCIÉTÉ LITTÉRAIRE D'APT

tenue à Monteux, le 31 août 1875

PAR

M. LE COMTE DE RIANCEY

Sous-Préfet de Carpentras

AVIGNON
TYPOGRAPHIE FR. SEGUIN AINÉ
13, rue Bouquerie, 13

—

1875

Le Comtat et la Provence célébraient le 31 août 1875 le deuxième centenaire du poëte provençal Nicolas Saboly, auteur des Noëls si populaires dans tout le Midi. M. le Comte de Riancey, sous-préfet de Carpentras, appelé par la Société littéraire d'Apt et par les Félibres à la présidence de ces fêtes mémorables. a prononcé le discours suivant.

DISCOURS

DE

M. LE COMTE DE RIANCEY

~~~

MESDAMES ET MESSIEURS,

Je me sens presque indigne de l'honneur qui m'est fait aujourd'hui. Je ne suis qu'un profane que vous pourriez éloigner du sanctuaire sacré de la muse provençale : les yeux du nord sont facilement éblouis par les rayons étincelants du soleil du midi. Vous voulez que je vous parle de Nicolas Saboly, vous mettez entre mes mains le recueil admirable des chants du « Troubadour du dix-septième siècle, » et voici que je vais vous répondre comme l'écolier novice : « Je ne sais pas lire ! »

Aveu pénible, Messieurs ! et que je ne fais qu'en

rougissant devant « ces Maîtres du gay sçavoir », Roumanille, Mistral, Aubanel, Félix Gras, Roumieux, félibres qui avez su secouer la poussière qui souillait la lyre provençale et lui rendre ses antiques et ravissants accords ; devant les délégués de ces Académies aussi laborieuses que modestes, qui font revivre en leurs travaux applaudis et couronnés les brillantes traditions de l'histoire et de la littérature méridionales ; devant cette nombreuse assistance, dont la présence enthousiaste vient justifier, comme à point nommé, la prédiction du panégyriste de Saboly :

> Jamais ne mourra
> Toujours vivra
> Saboly ! Saboly !
> Dans deux cents ans
> Le peuple voudra
> Saboly ! Saboly ! (*Applaudissements*).

Ah ! Messieurs, laissez-moi vous le dire, des fêtes comme celles de ce jour, où nous convie la poésie, en ce qu'elle a de plus élevé, j'allais dire en ce qu'elle a de divin, où l'on célèbre des gloires si pures, ces fêtes me semblent inspirées de Dieu, qui veut nous distraire un instant des labeurs du jour, des soucis du lendemain ; c'est le repos dans l'oasis embaumée au milieu de la marche forcée dans les sables brûlants du désert.

La ville de Monteux est fière d'avoir donné naissance à Nicolas Saboly ; c'est à bon droit qu'elle a revendiqué l'honneur de posséder l'image de son poëte et de la placer comme un palladium sacré au centre de la cité.

Mais en même temps, ce bronze, œuvre si vivante d'un ciseau déjà célèbre, ce bronze est un témoin nouveau et impérissable de l'histoire si féconde de la France du Midi.

Ne l'oubliez pas, Messieurs ! Au temps où la barbarie couvrait encore le monde, entre les lueurs mourantes de la décadence antique et l'aube naissante des nations modernes, il y avait une terre privilégiée où la culture de l'intelligence avait trouvé un refuge. On l'a dit avec raison (1), c'est sous votre ciel, le ciel de la Provence, que s'est épanouie la fleur de la civilisation chrétienne, c'est l'imagination provençale qui a délié la langue des peuples nouvellement constitués et frayé la route où s'est élancé leur génie.

Saluons ensemble la muse provençale à son berceau ! A peine a-t-elle bégayé ses premiers chants, que se lèvent pour la servir, pour la défendre, la brillante phalange des Troubadours, qui s'en vont promenant de ci-

---

(1) Saint-René-Taillandier : *Li Prouvençalo*.

tés en cités, de châteaux en châteaux, leurs lyriques inspirations. Voici que les émotions de la Croisade et l'enthousiasme des guerres saintes anime leur poétique nature : la littérature provençale s'embellit d'un luxe oriental : magnificence de comparaisons et d'images, exaltation des sentiments et des idées, pensées ingénieuses et chevaleresques, toutes formes extérieures inconnues aux anciens, elle les accueille avec transport et en fait ses principaux ornements (2).

La tradition le dit en sa vérité naïve :

« Le troubadour est tout amour. »

L'amour et ses mille enchantements, ses ivresses et ses déboires, tel fut le thème merveilleusement varié, il faut le reconnaître, mais le thème unique des compositions des trouvères; d'où l'on a conclu que l'amour est la condition vitale de toute poésie chantée.

La mesure était difficile à garder entre les légendes d'amour chevaleresque, que nous savons applaudir, et les chants licencieux. La muse provençale ne sut point résister au péril : la pente était trop rapide, l'entraînement trop général dans les cours et dans les peuples ; au treizième et au quatorzième siècles elle sacrifie à la licence ; elle se relève au quinzième avec le bon roi René, protecteur des poëtes et poëte lui-même, avec Clémence Isaure, la Dame toulousaine, charmante patronne de la gaie science.

(2) H. de Riancey : *Histoire du Monde.*

A la mort du roi René, la Provence est réunie à la France. Les années passent rapidement ; la langue d'Oil, devenue nationale, étend sa domination souveraine, et pendant le seizième siècle la langue provençale, déshéritée, abandonnée par les grandes familles, décline sensiblement.

Va-t-elle donc périr tout entière, cette langue harmonieuse et souple, cette langue qui s'allie si merveilleusement, en ses expressions sonores, aux rayons éclatants du soleil, aux horizons sans fin du ciel bleu.

Non, Messieurs. Le laboureur attentif à son sillon, le berger veillant son troupeau, ne se laissent point distraire par les échos bruyants de la ville. Bannie des cités, la langue provençale se réfugie dans les campagnes ; délaissée par les grands, elle est recueillie et sauvée par le peuple. Ce n'est point là le trait le moins saisissant de votre histoire.

A l'aurore du dix-septième siècle, en 1614, apparaît Saboly. Il naît d'une honnête et simple famille. Un savant Mémoire, qui a valu à son auteur (1) la médaille d'or, vous raconte sa vie, doucement écoulée entre Monteux, Carpentras et Avignon.

C'est à Saboly, à votre poëte, qu'est dévolue la mission d'assurer à la littérature provençale une

(1) M. l'abbé Faury, de Carpentras.

vie désormais impérissable, mission dont il s'acquitta si merveilleusement, que l'idiome dont il s'est servi pour chanter la Nativité est demeuré celui que vous parlez, de nos jours, dans la vallée du Rhône. (*Très-bien*).

Mais il fallait qu'elle fût pure de toute souillure, cette source nouvelle et vivifiante à laquelle allait se rajeunir la Muse provençale, il importait que ses chants s'inspirassent d'en haut, pour que l'écho en pût arriver jusqu'aux âges futurs.

Étonnante merveille ! Le rénovateur de la muse de Provence, de cette muse jadis si libre, ce rénovateur est un prêtre, et prêtre il ne saura, ne voudra chanter que Dieu-Emmanuel ! Dans plus de soixante poëmes — je dis poëmes à dessein — il célèbrera l'Enfant-Dieu, couché dans la Crèche, adoré des bergers et des rois, l'Enfant-Dieu, terreur de la mort, rédempteur de l'humanité.

Viennent les esprits chagrins ou sceptiques regretter que la lyre de votre poëte ne soit pas montée sur les modes d'Ionie ou de Lesbos, vienne la critique se plaindre encore que Saboly n'ait point chanté l'amour, les belles et la chevalerie !

Restez fiers, jaloux de votre Saboly, parce qu'il a su prendre son inspiration au-dessus des passions humaines ; d'autres ont chanté les hommes, lui il chante Dieu ! Écoutez-le : « Il a parcouru toutes les « parties du monde, la terre et la mer, il a vu l'entrée « du grand roi Louis dans Avignon, il a connu « la cour et ses splendeurs; tout cela est beau, mais « tout cela ne saurait égaler ce qu'il a vu en Beth-« léem. »

Qu'a-t-il donc vu dans Bethléem ?

Il a existé de tout temps un pieux usage en notre beau pays de France : c'est celui de célébrer la nuit bénie de Noël ; les feux allumés chassent à la fois et les ténèbres et la froidure, les chants montent aux cieux comme une prière en même temps qu'une allégresse.

Laissez-moi vous le dire, Messieurs, c'est encore l'honneur des Provençaux d'avoir su solenniser le mieux peut-être ces joies saintes de la Nativité, en faisant de cette fête du ciel, la fête aussi de la famille chrétienne.

Il me semble que nous sommes encore au temps de Saboly ! La venue prochaine du Sauveur du monde est un fait si grand qu'avant de la chanter, il faut être en paix avec tout le monde : il faut confesser ses torts, abjurer ses haines et se réconcilier avec ses ennemis. Voici la nuit : la famille est réunie tout entière;

les absents ont regagné le foyer paternel ; la table est dressée dans la salle basse, luxuriante de mets et de friandises ; au milieu se détache le « Calendal » béni, surmonté de branches de houx aux fruits rouges et ornée de faveurs faites du jonc des marais.

Voici que l'aïeul s'avance tenant par la main le petit-fils tout fier d'être admis à la veillée ; tous deux, le grand-père, symbole de l'année qui nous échappe, et l'enfant, image de l'année qui vient, portent solennellement le « Cachafió », la bûche de Noël. Toute la famille suit en procession ; la bûche est solennellement enfouie dans les cendres. Le père de famille s'avance avec solennité, épanche le vin en forme de croix, bénissant le bois « au nom du Père, du Fils et du Saint-Esprit ». Après l'invocation, le bûcher s'enflamme et sa première braisée est respectueusement mise de côté, comme un souvenir et une protection.

Et puis, le repas commence, et pour charmer la veillée jusqu'au premier son de la messe, l'aïeul entonne à plein gosier les Noëls du poëte aimé : les voix enfantines répètent à l'envi le gai refrain.

Ah ! Messieurs, c'est ici que me revient plus vif encore le regret exprimé au début de ce discours. Pourquoi faut-il que je ne puisse chanter aussi le chant de Saboly ?

Que ne puis-je relire avec vous ce récit merveilleux de « saint Joseph et de l'hôte » (1) !

Qui ne le sait ici de cœur et d'âme, ce dialogue si grand dans sa simplicité ? Vous entendez la prière modeste du pauvre saint Joseph et la réplique brutale de l'hôte ; l'insistance du saint et la rudesse de l'aubergiste ; les supplications de l'époux de Marie et le refus du campagnard qui se laisse enfin fléchir par la crainte de voir mourir à sa porte les pauvres passants et plus encore par la détresse de la Vierge bientôt Mère. Enfin, il consent à les recevoir... dans une étable.

Vous les connaissez aussi ces rudes pâtres, cœurs dévoués sous de grossières enveloppes, Tony, Guillaume, Pierre, Jean, Estève, Sauvaire, que le Chantre de la Nativité invite à quitter leurs troupeaux pour venir saluer sans retard l'Enfant et sa Mère, baiser ses pieds divins et le reconnaître comme un bon frère qui vient nous sauver.

Je m'arrête, Messieurs ; je traduirais mal et je me souviens d'un précepte donné par l'un de vos maîtres (1) : « Ne traduisez pas Saboly. De la chose la plus « vive, la plus touchante, vous feriez la chose la plus

(1) Noël de Saboly ; *Hou, de l'houstau...*
(1) D'Ortigues.

« lourde et la plus plate. Il n'est pas plus possible de
« traduire les Noëls de Saboly qu'il n'est possible de
« traduire les Fables de la Fontaine. »

Mais, du moins, essaierai-je de vous dire quel est le caractère, la physionomie particulière de l'œuvre de l'organiste de Saint-Pierre. A mon sens, ce qui donne aux noëls de Saboly un charme ineffable, c'est un accent de vérité, pleine à la fois de conviction et d'enthousiasme, qui anime le vers et soutient le chant. Ici, le poëte nous fait répandre de douces larmes de tendresse et de compassion ; là, il provoque en éclats bruyants les échos de la montagne : toujours il est plein de son sujet, à nul autre comparable.

Jésus dans la crèche est le Dieu des petits et des humbles ; avant d'accueillir l'hommage des Rois et des grands, il appelle l'adoration des bergers : c'est aux bergers qu'il se révèle d'abord, aussi les bergers seront-ils les premiers à le fêter, à le chanter ; de là, la vérité, la sincérité des accents de la Muse de Saboly ; de là, ses allures indépendantes et agrestes. Saboly chante sans souci de l'avenir ; à ses amis il apporte le noël où il a mis tout ce qu'il sait des champs, des prés et de la montagne ; il a fait le poëme, aussi fera-t-il la musique, et les vers seront si vrais, la mélodie si pure, si facile à retenir, que le plus simple la redira et que le temps n'en pourra rien altérer.

Gloire au poëte populaire ! honneur à la Cité qui l'a vu naître ! (*Applaudissements*).

Ah ! Messieurs, conservez comme un trésor sacré l'œuvre de votre poëte ! Ces chants que vous avez appris au berceau, redites-les à vos enfants, et que les générations à venir les reçoivent d'eux, comme un pieux héritage !

Ne quittons pas Saboly et sa ville natale, sans saluer une fois encore la rénovation des lettres méridionales si bien représentées en cette fête. Oui, Messieurs, l'âge d'or renaît, la Muse comtadine est redescendue des hauteurs du Ciel ; chaque année ajoute aux hommages nouveaux qu'elle reçoit, aux fleurons de sa brillante couronne.

L'an passé, vous célébriez en cette belle cité d'Avignon, avec un éclat sans pareil, le centenaire de Pétrarque, chantre immortel de Laure ; cette année en cette ville et dans un cadre plus restreint et plein d'un charme plus intime, vous fêtez le chantre de la Nativité.

Vous fêtez Saboly comme il eût aimé, ce me semble, à être fêté, au milieu de ces campagnes verdoyantes, à l'ombre de ces monts altiers dont le Ventoux est comme le roi ; votre poëte est au milieu de nous ; deux cents années n'ont affaibli aucun de ses traits ; il reste jeune, de cette jeunesse que donne l'immortalité ; ses amis lui rendent hommage et le couronnent de l'acanthe chère aux muses, et de toutes parts retentit, comme l'acclamation d'allégresse et d'honneur : Noël ! Noël ! (*Applaudissements prolongés*).

www.ingramcontent.com/pod-product-compliance
Lightning Source LLC
Chambersburg PA
CBHW060624050426
42451CB00012B/2418